Editor: Editorial Independiente 2024

Diseño de edición y portada: Editorial Independiente

ISBN: 9798328093859

Impreso por Amazon ®

Impreso en E. U. A.

0

Precaución

Este libro no pretende ser, por ningún motivo, un listado de deberes financieros, ni debe ser tomado como referencia única para tomar decisiones sobre tu capital. Su intención es ser informativo y usarse de referencia en conjunto con noticias y otro tipo de información del mundo económico. Para consultas más personalizadas, se debe buscar asesoría con los expertos en el área. La autora se deslinda de cualquier prejuicio que, directa o indirectamente, se manifieste del uso indebido de la información que aquí se proporciona.

Contenido

Estoy quebrado y no lo sabía

Conoce a la autora

Cristina Ouilhet es una reconocida experta en educación financiera, empresaria y coautora de varios libros sobre gestión del dinero y creación de riqueza. Cristina se ha destacado por su capacidad para transmitir conceptos financieros complejos de manera accesible y práctica para el público en general.

Con más de 15 años de experiencia en el sector financiero, Cristina ha trabajado como asesora financiera, consultora empresarial y conferencista.

Su pasión por ayudar a las personas a alcanzar la libertad financiera la ha llevado a desarrollar programas de educación financiera.

La filosofía de Cristina se basa en la idea de que la educación financiera es la clave para romper con el ciclo de la pobreza y crear un futuro financiero sólido. Cree firmemente en la importancia de aprender a gestionar el dinero de manera inteligente, invertir de manera estratégica y construir fuentes de ingresos pasivos para alcanzar la verdadera libertad financiera.

Cristina está comprometida con la educación financiera en su comunidad. Ha colaborado con organizaciones sin fines de lucro brindando talleres y charlas sobre manejo del dinero y planificación financiera.

Cristina Ouilhet continúa su misión de educar y empoderar a las personas en el ámbito financiero. A través de sus libros, conferencias y programas educativos, busca inspirar a otros a tomar el control de sus finanzas, construir riqueza y alcanzar sus metas financieras y personales.

Introducción

Antes de entrar en materia, quiero que conozcas mi historia para que sepas cómo pasé de estar quebrada a ser experta en educación financiera y ayudar a muchas personas a salir de "la carrera de la rata", un término popularizado por el autor Robert Kiyosaki en su libro *Padre Rico, Padre Pobre*, que representa el ciclo interminable en el que la mayoría de las personas se encuentran atrapadas en el sistema tradicional de trabajo y finanzas. Imagina a una rata corriendo dentro de una rueda. La rueda gira y gira, y la rata corre y corre, pero nunca llega a ningún lado.

En la carrera de la rata, las personas trabajan duro en empleos que no aman, intercambiando su tiempo por dinero, pero no logran nunca realmente avanzar.

La gente que se encuentra en la carrera de la rata tiende a gastar todo lo que ganan en cosas que no generan riqueza, como autos nuevos, casas más grandes o vacaciones costosas. Esto los mantiene atrapados en un ciclo de endeudamiento y gastos excesivos, sin poder acumular riqueza real, es decir, la carrera de la rata representa el ciclo de trabajo duro y endeudamiento sin fin en el que muchas personas se encuentran atrapadas. La solución que yo quiero ofrecerles radica en buscar activamente formas de generar ingresos pasivos para escapar de ese ciclo.

Mi nombre es Cristina Ouilhet, nací en la Ciudad de México, soy la mayor de tres hermanos y crecí en una familia muy tradicional, donde aprendí de mis padres los valores de la integridad y el trabajo duro. Mi papá siempre decía que, para tener éxito en la vida, había que trabajar muy duro, algo que él aprendió a su vez y replicó, siendo piloto y empleado de compañías aéreas durante toda su vida. Él siempre fomentó la educación. Nos dijo que nos preparáramos muchísimo, o, en pocas palabras: "Estudia una carrera, la que tú quieras, pero prepárate muchísimo, estudia inglés y computación, no sólo la licenciatura, estudia un posgrado, una maestría o de preferencia un doctorado". Él estaba convencido de que con una buena preparación académica tendríamos garantizado el éxito si sacábamos buenas calificaciones.

Yo me lo tomé muy en serio. Siempre me he considerado una persona muy ñoña, porque soy muy clavada en estudiar y aprender de todo. Esa actitud me hizo mantener las mejores calificaciones desde la primaria hasta la universidad. No sólo eso, durante la horas extras que me quedaban en la licenciatura, hacía talleres, pensando que mientras más preparada estuviera, más exitosa sería. Después de tomar un curso de orientación vocacional, elegí la carrera de comunicación. ¿Quién toma un curso de orientación vocacional para ver qué demonios va a estudiar? O sea, solamente yo.

Para mí fue muy nutritivo porque, al tomar este curso, que duró varios meses, pasé por todas las variantes de lo que se puede estudiar en una carrera, incluyendo cosas que me parecen de lo más locas, pues se alejan de todo lo que me gusta, como la ingeniería agrónoma o la bibliotecología.

La importancia de estudiar todas las opciones se debe a que necesitaba conocer el temario de cada carrera y sus campos de acción para tomar la decisión más acertada basada en información.

Al ir eliminando opciones me quedé sólo con psicología, medicina, relaciones comerciales internacionales, mercadotecnia y comunicación. La razón que me hizo disuadir de medicina por comunicación fue ver todo lo que tenía que estudiar un médico, y que el trabajo en campo era o dentro de un hospital o, como psicóloga, en un consultorio.

Entonces me di cuenta de que me parecía bastante aburrido. Pensaba que necesitaba algo donde pudiera estar un tiempo en oficina y otro tiempo fuera, en campo. No soportaba la idea de estar permanentemente entre las cuatro paredes de la oficina.

Comunicación tenía todo lo que yo buscaba, ese equilibrio entre las relaciones públicas y estar con gente en eventos, producciones, y, finalmente, el horario, el tiempo de oficina.

Cuando salí de la carrera tuve la bendición de trabajar en un campo alineado a mis estudios. Trabajé ocho años en una agencia de servicios artísticos donde me dediqué a la producción de eventos. Recuerdo que fue padrísimo porque cada evento era completamente diferente.

Los que no me gustaban eran las bodas porque eran muy cuadradas, y tampoco los eventos que eran paquetes turísticos de hoteles porque no había dinero para nosotros.

Al principio fue divertido porque todo era nuevo. Pude hacer eventos con mis artistas favoritos y viajar, porque incluso hacíamos eventos en la playa. El golpe de realidad, o el shock más importante que recibí, vino al momento en que me aceptaron para trabajar: mi salario. Era lo mismo que en la mayoría de los trabajos cuando, sin experiencia, estás iniciando, pero no se alineaba con uno de mis sueños dorados, que era vivir en Polanco, porque de niña yo crecí en provincia debido al trabajo de mi papá.

Cuando me tocaba visitar a mis primas y venía a Polanco, me fascinaba ver las tiendas, me parecía maravillosa la calle de Mazaryk, súper elegante.

En ese momento me hice la promesa de que algún día viviría ahí. Pensaba ingenuamente: "algún día, cuando crezca, voy a trabajar y vivir acá".

La oficina de mi trabajo estaba en Polanco, lo que me acercaba a realizar uno de mis sueños, pero entonces vi lo que iba a ganar como ejecutiva de cuenta, que era casi la mitad de lo que costaba una renta en esa zona.

Entonces me pregunté, ¿cómo le hace la gente para que le vaya bien? Pensé, voy a tener que trabajar varios años muy duro para demostrarle a la empresa que soy una persona competente, comprometida, honesta para que me puedan elegir más adelante como gerente de ventas. Y en ese momento, como la cenicienta, viviré feliz para siempre. La realidad fue muy diferente de lo que yo pensaba.

Después de tres largos años, mi jefe me ofreció el puesto de gerente por mis méritos. Obviamente de inmediato, acepté el puesto y festejé, antes de saber cuánto me iban a pagar extra. Estaba muy emocionada por haberlo alcanzado.

Incluso creía que había llegado a la cúspide de mi desarrollo profesional...

hasta que vi de cuánto había sido mi aumento real. En ese momento, casi me da un infarto porque prácticamente iba a ganar lo mismo de sueldo base, y me iban a pagar un porcentaje de comisión sobre la utilidad, no sobre el coste del evento completo.

Al hacer cuentas, vi que tenía que vender una cantidad importante para que me alcanzará exclusivamente para pagar la mensualidad del coche que acababa de obtener en la agencia.

Imagínate esto: trabajar durísimo... y que solamente alcance para pagar la mensualidad del coche. Esto hizo que de un día para otro me quedara sin vida personal. Tenía horario religioso: entraba a las nueve de la mañana y sólo Dios sabía a qué hora iba a salir. Al pasar el tiempo esto se volvió muy pesado porque de un día para otro comencé a hacer el trabajo de tres personas solamente por una comisión extra.

No fue nada agradable el nivel de estrés al que me vi sometida, las largas jornadas sin comer, sin dormir, que tuvieron como consecuencia un efecto terrible en mi salud, esto se vio reflejado en dos ocasiones en que me enfermé de gravedad.

Una implicó una cirugía, ya que me lastimé el hombro haciendo ejercicio y, por no atenderme, se convirtió en un desgarre muscular de más de 10 centímetros. Hasta que el dolor se hizo insoportable fue que tomé acción. Tan ocupada estaba, tenía tantos eventos, que no me di ni una hora para atenderme. No lo hice dentro del tiempo en el que la rehabilitación hubiera sido suficiente. Mi negligencia hizo que me tuvieran que operar.

A la par de tener un trabajo exitoso mal pagado, yo cada día me endeudaba más con tarjetas de crédito. Necesitaba demostrar que me iba bien. Cuando tienes buenas ganancias quincenales, te empiezan a soltar crédito. No tenía el flujo de efectivo para liquidar mis tarjetas, por lo que estaba pagando intereses muy altos. Me frustraba trabajar tan duro y, al mismo tiempo, solamente vivir para pagar deudas. Esto no se lo deseo ni a mi peor enemigo.

Hubo momentos en los que mi cansancio era tal que lo único que podía hacer era decidir entre tomar una bebida energizante o un café para mantenerme despierta.

Recuerdo perfecto que, en una ocasión, en diciembre, llevaba como 15 días sin dormir. Eran las 3 de la mañana y yo estaba en la oficina llena de papeles, con un montón de trabajo pendiente. Y llegó un momento en que me sentía tan agobiada que recuerdo sentarme en las escaleras a llorar y decir "Dios mío, de verdad necesito ayuda porque no puedo seguir viviendo de esta manera, si sigo así me voy a morir".

Me cuestioné ¿cómo le hago para salir de esta jaula de oro donde yo me metí? Estoy convencida de que cuando tú estás listo y haces las preguntas correctas, Dios, o aquello en lo que tú creas, te da las respuestas.

Entonces, poco tiempo después de eso, un amigo mío, con el que siempre voy a estar agradecida, me habló por teléfono y me ofreció una gran oportunidad para poder salir de donde yo estaba. Él conocía perfectamente mi historia, conocía mi trabajo, conocía a mi jefe porque él también estaba en el rubro. Y me hizo una llamada muy inteligente. Yo lo admiraba mucho por lo que había logrado y le tenía mucha confianza.

Lo primero que me preguntó en la llamada fue: ¿Estás sentada? Al responderle que sí, me hizo el siguiente cuestionamiento

¿Te interesaría descubrir una forma de dejar tu trabajo, recuperar tu tiempo libre y aun así ganar lo mismo o más que en tu empleo actual? ¿Qué pensarías si pudieras mantener tu nivel de ingresos mientras duermes 8 horas como todos, con la libertad de viajar a donde quieras, comprar lo que desees y retomar esos cursos de desarrollo personal que tanto te apasionan?

Recuerdo que cuando me hizo esa pregunta, sentí una gran emoción, esperanza e inmediatamente dije que sí. Hicimos una cita para vernos en su casa un viernes en la noche. Ahí me explicó en una servilleta, que el suyo era un proyecto de redes de mercadeo, algo que me resultó muy interesante.

En ese momento entendí que, si podía reunir un equipo de cinco personas y cada uno de ellos también conseguía otros cinco, y así sucesivamente, de uno a tres años podría desarrollar un proyecto de redes de mercadeo.

Esto me permitiría ganar hasta tres veces más de lo que ganaba en mi trabajo actual y alcanzar todas las metas que me había prometido.

Vi el proceso como algo bastante sencillo. Pensé que encontrar cinco personas sería fácil, ya que conocía a más de 500 (Mi primera lista de contactos incluía a esas 500 personas).

Para mí, decirles a cinco que jalaran conmigo no me parecía complicado en ese momento. Lo vi posible y tampoco creí que fuera complicado para ellos. Así que inmediatamente le di la tarjeta y arrancamos el negocio, así es como empecé mi primer emprendimiento rentable.

Anteriormente ya había hecho algunas cosas pequeñas como vender ropa, hacer algunas tandas y algunas rifas, pero nunca había emprendido un negocio de este tipo y me sentía muy emocionada por iniciar mi propio negocio de la mano de un amigo.

Me tardé prácticamente dos años en paralelo con mi trabajo en lograr nivelar lo mismo que ganaba en mi trabajo, en mi negocio. No fue nada fácil porque tuve que sacrificar muchas horas de comida, muchos domingos y todo el tiempo extra que tenía después del trabajo. Tenía mucha claridad en que necesitaba hacer algo extra para salir de la jaula donde yo me había metido, por eso estuve dispuesta a pagar el precio y dos años después renuncié a mi trabajo y continué mi camino por el emprendimiento.

Estando en ese negocio conocí al que fue mi primer mentor, el Señor Luis Berino, miembro del consejo, del grupo financiero Banorte. Un economista muy importante.

Él había tenido una casa de bolsa y muchísima experiencia como consultor de negocios, y fue él la primera persona que me mentoreo en el tema de los negocios.

A mí me parecía interesante el negocio, pero no terminaba de entenderlo. Yo creía que se trataba de vender producto por volúmenes altos y yo no me imaginaba a este señor vendiendo jugos, porque en esa época el negocio que hacíamos era un jugo de una fruta exótica oriental y yo no me lo imaginaba a él vendiendo jugos en cantidades industriales de puerta en puerta.

Incluso cuando le hice la pregunta, él se rio un poco y me dijo, "no, no has entendido lo que son los ingresos residuales, te voy a compartir". Me recomendó el libro de Robert Kiyosaki, *Padre Rico, Padre Pobre*. Después tomé un diplomado: fue con él mi primer diplomado de educación financiera. También fue impresionante recibir esa información, porque esa semilla realmente se plantó tan profundo en mí que yo dije: ¿cómo es posible que no haya tenido antes esta información? ¿Por qué cuando tomé el curso de orientación vocacional nadie me explicó esto?

¿Por qué nadie me explicó que existían los ingresos pasivos, que existían los ingresos residuales y que yo podía ganar dinero incluso cuando estoy dormida? Esa opción no la conocía, no sabía que se podía y fue la primera vez que lo vi como una opción.

Concluí que, si había personas que ya lo habían logrado, yo también lo lograría. Ya le había dedicado más de ocho años de mi vida a este empleo, que, aunque amaba mi profesión, no me gustaba lo que ganaba ni la forma en cómo lo hacía. Así que estuve dispuesta a aprender y hacer cosas nuevas. Me encanta la gente, lo de construir equipos, hablar con gente, dar presentaciones, dar conferencias, me encanta, por lo que estoy dispuesta a dedicarle otros diez años o los que sean necesarios para cumplir todos mis sueños y lograr tener la cantidad suficiente de ingresos pasivos para tener libertad financiera y viajar por el mundo, haciendo todas las cosas que yo había dejado guardadas en un cajón.

Así fue cómo decidí convertirme en una profesional en redes de mercadeo y, sin planearlo, al mismo tiempo me empecé a instruir en educación financiera, lo que me ayudó a construir un ingreso residual que con el paso del tiempo se convirtió en la diversificación ideal.

Al aprender sobre el dinero, las leyes del dinero, por qué la gente es pobre o rica, me di cuenta de que la gente que menos dinero tiene o que está más atrapada es la clase media, sobre todo de los países de Latinoamérica, porque prácticamente toda la mercadotecnia va dirigida hacia nosotros.

La gente pobre tiene poco dinero y no tiene acceso a créditos. La gente rica, toma decisiones muy distintas porque hace que los rendimientos de sus empresas paguen su estilo de vida, pero la clase media no, somos los que estamos dispuestos a adquirir deudas a largo plazo y pagar intereses altos para poder adquirir un coche o una casa, lo que nos lleva a trabajar muchas horas y estar pagando deudas e intereses durante largos períodos.

Esto hizo que me diera cuenta de la importancia de empezar a compartir esta información, que a mí me cambió la vida, con todo aquel que estuviera dispuesto a escucharla (O leerla, como tú en este momento). Así que, si el día de hoy estás aquí leyendo este libro o has estado en alguna de mis clases o en alguno de mis seminarios, revisen sus apuntes. Vamos a hablar justamente de cómo mejorar la relación con el dinero, de cómo pasar de modo de supervivencia a riqueza.

Y de todas aquellas cosas que yo aprendí en diferentes cursos, seminarios, entrevistas que le he hecho a gente que se hizo millonaria, que no lo era al principio y se convirtió, además de cosas que en la práctica he visto funcionar.

Espero que este libro te sirva muchísimo y puedas no solamente ganar dinero, sino también encontrar tu misión de vida, tu propósito para que así logres una vida integral en todas las áreas y poder vivir una vida más plena, y dejar un legado en este planeta.

Antes de profundizar en todo eso, definamos la palabra **quebrado**, porque, normalmente, al escuchar esta palabra, puede ser que evoquen imágenes de fracaso financiero o deudas abrumadoras. Sin embargo, la verdad es que la mayoría de nosotros estamos más cerca de esa situación de lo que imaginamos. Durante años, como muchos, me encontraba inmersa en una rutina de trabajo constante, ascendiendo la escalera corporativa sin entender realmente las reglas fundamentales del dinero.

Todo cambió cuando conocí a mi primer mentor, quien me ofreció una perspectiva reveladora sobre lo que significa estar "quebrado".

Según su definición, una persona quebrada es aquella cuya fuente principal de ingresos, ya sea un empleo, un negocio propio o incluso la aportación de una pareja, desaparece o se reduce de manera significativa.

En ese momento crítico, esa persona no puede mantener su nivel de vida durante seis meses sin tener que recurrir a vender activos como automóviles o viviendas, o a consumir su patrimonio.

Al escuchar su definición me di cuenta de mi propia fragilidad financiera. Vivía al límite, dependiendo de cada quincena para cubrir mis gastos básicos y pagar deudas acumuladas. Si me hubieran quitado mi trabajo en ese momento, me habría encontrado en una situación desesperada, sin ahorros ni inversiones para respaldarme.

Esta experiencia me llevó a reflexionar sobre la trampa en la que tantos caemos: la carrera de la rata, un ciclo agotador de vivir al día, pagar deudas y comenzar de nuevo. Pero también me impulsó a buscar una salida de esta situación y a comprender cómo podemos liberarnos de la quiebra financiera.

A lo largo de los siguientes capítulos, explicaremos las dos principales formas de generar ingresos: el ingreso **lineal** y el ingreso **residual**.

Descubriremos cómo la mayoría de nosotros nos limitamos a obtener ingresos lineales, intercambiando tiempo por dinero, sin comprender las oportunidades que ofrece el ingreso residual, que nos permite ganar dinero incluso mientras dormimos.

Además, analizaremos cómo podemos aprovechar el apalancamiento, el conocimiento y las inversiones para construir fuentes de ingresos que no dependan exclusivamente de nuestra labor diaria. En última instancia, nuestro objetivo es escapar de la trampa del endeudamiento constante y alcanzar la libertad financiera, la plenitud y la posibilidad de dejar un legado para las generaciones futuras.

Únete a mí en este viaje hacia la comprensión del dinero y la creación de una vida financiera más próspera y satisfactoria. Es hora de dejar atrás la quiebra financiera y avanzar hacia un futuro de abundancia y seguridad.

CAPÍTULO 1
Mejora tu relación con el dinero

Capítulo 1: Mejora tu relación con el dinero

La inteligencia resuelve problemas y genera dinero. El dinero sin inteligencia financiera se va pronto.

—Robert Kiyosaki

En este primer capítulo, quiero llevarte a un viaje hacia el corazón de tu relación con el dinero. ¿Alguna vez te has detenido a reflexionar sobre las creencias arraigadas en tu mente desde la infancia y cómo influyen en tus decisiones financieras actuales? Te invito a explorar este territorio emocionante y vital para tu bienestar financiero.

Algo muy importante que siempre comparto con mis alumnos durante las mentorías es que, aunque les enseñaré la mecánica del dinero, cómo es su funcionamiento y las mejores herramientas financieras, en el primer paso es necesario comprender cómo funciona nuestra mente y desarrollar la habilidad de trabajar en nuestras creencias sobre el dinero.

Si no abordamos esto, no importa cuánto conocimiento tengamos, seguiremos saboteándonos.

Así que, antes de continuar, quiero compartir contigo cómo funciona nuestra mente. Nuestra mente tiene dos áreas principales: la consciente, que representa alrededor del 5% de toda la información que recibimos, y la subconsciente, que abarca el 95% restante, y está llena de creencias y programas que operan automáticamente.

Por ejemplo, nuestro inconsciente alberga un tesoro de creencias sobre el dinero que hemos absorbido a lo largo de los años. Desde la forma en que nuestros padres manejaban las finanzas hasta las experiencias tempranas con el dinero, todo contribuye a moldear nuestra relación con él. Es fundamental comprender estas creencias para poder transformar nuestra realidad financiera. Para identificar tus propias creencias sobre el dinero te invito a que tomes una libreta y hagas este ejercicio con el fin de recordar cómo era tu relación con el dinero cuando eras niño.

Escribe:

- ¿Qué recuerdas con respecto al dinero, sobre todo en los primeros años de vida hasta que cumpliste los siete años?

- ¿Qué escuchabas a tu alrededor de tus familiares?

- ¿El dinero era bueno?

- ¿El dinero era malo?

- ¿Cómo te sentías al pedir algo?

- ¿Cómo vivías emocionalmente las situaciones relacionadas con el dinero?

- ¿A dónde iban de vacaciones?

- ¿Cómo se regalaban cosas entre sí?

- ¿Ibas a un restaurante y podías elegir lo que fuera del menú o no?

- ¿Siempre estaban viendo los precios en las tiendas?

- ¿Crees que el dinero es difícil de conseguir?

Estas reflexiones te ayudarán a entender mejor tus patrones de pensamiento y comportamiento en relación con el dinero.

Sin importar cómo haya sido nuestra relación anteriormente, es fundamental mejorar nuestra relación con el dinero para atraerlo y, sobre todo, para retenerlo. Si pensamos que el dinero es malo o difícil de ganar, siempre nos costará tenerlo.

Si creemos que el dinero es la raíz de todo mal o que las personas con dinero son malas, necesitamos reemplazar esas creencias.

Debemos agradecer lo que tenemos y pensar en el dinero de manera positiva. Imagínalo como una relación: si la cuidamos y la valoramos, será más fácil que permanezca con nosotros y se multiplique.

También es importante trabajar en nuestro merecimiento. Muchas personas tienen dificultades para recibir, pero es crucial permitirnos aceptar las bendiciones que el universo tiene para ofrecernos.

En la cábala, que son las maneras de interpretar las escrituras en las que se basa la religión judía, desde el punto de vista filosófico, los seres humanos somos como una vasija.

Entonces, en este mar de la abundancia, si pudiéramos trasponer el dinero y representarlo como un mar ilimitado y gigantesco, nosotros, que somos una vasija, deberíamos preguntarnos ¿de qué tamaño somos? ¿cuánto vas a poder recoger?

Personas que creen que no merecen mucho van a llegar a este mar con una cucharita y eso es lo que van a recibir. Habrá personas que lleguen con un vaso, otros llegarán con una jarra, pero va a haber gente que tiene manejado su merecimiento, que cree que merece todo de la existencia y van a llegar con una Torton de motor hidráulico a sacar la mayor cantidad de agua posible.

Entonces las preguntas para ti son:

- ¿Cómo está tu merecimiento?

- ¿Qué tanto te permite recibir?

- ¿Hay culpa al momento de recibir?

- ¿Qué tanta?

- ¿Qué tan seguro te sientes de poder recibir todo esto que está al alcance para ti?

Mientras tú no creas que mereces recibir todas las bondades que hay allá afuera de parte del universo en todas las áreas de tu vida, no sólo en el dinero, en la salud, recibir amor, recibir placer, recibir regalos, etc., nada cambiará en ti.

Es muy importante que, si estás detectando que tienes un problema con el recibir, debes trabajarlo. Hay muchísimas técnicas que ayudan a trabajar todo esto, que estoy compartiendo actualmente. Para fortuna de todos, vivimos en un momento histórico en el que se ha aperturado muchísimo todo el trabajo personal.

Puedes elegir al terapeuta que tú quieras de la técnica que quieras. Puedes elegir, por ejemplo, barras de *access consciousness*, bioprogramación, meditación trascendental, cábala, constelaciones familiares y, también se vale, combinar técnicas.

Se trata de ir haciéndote consciente de que gran parte de la información a partir de la que actuamos y tomamos decisiones está en la parte subconsciente.

Esta toma de conciencia evitará que seas como una veleta que el viento mueve como quiere, y que puedas tomar el control de tus propias decisiones y para desarrollar la habilidad de atraer más dinero, y, sobre todo, sostenerlo en el largo plazo.

Ampliar nuestro contexto social también es clave. Nos convertimos en el promedio de las cinco personas con las que pasamos más tiempo, por lo que rodearnos de personas prósperas y con mentalidad positiva puede influir positivamente en nuestra vida financiera. Un mentor que nos guíe en este camino es invaluable, ya que nos puede ayudar a cambiar nuestra forma de pensar y actuar.

Una de mis creencias más arraigada por muchísimo tiempo era que, para poder tener éxito en la vida, tenía que trabajar muy duro, porque eso era lo que se escuchaba en mi casa.

Cuando yo estudié la carrera de comunicación, busqué un empleo que se alineara con esa creencia. No tenía un horario normal de 9 a 6 sino que salía mucho más tarde que toda la demás gente, además de que tenía que seguir trabajando por la noche para cubrir los eventos. Para mí eso era normal porque mi creencia era que debía trabajar duro.

Aprendí a cambiar mi mentalidad sobre esto gracias a una mentora, mi socia y gran amiga Tadhana. A través de la técnica de barras de *access* me enseñó a manifestar lo que deseo con total facilidad, gozo y gloria. Ahora vivo en profundo agradecimiento y he visto cómo mi vida ha cambiado positivamente.

Mi invitación es que practiques el agradecimiento diario y observes los resultados por ti mismo. La clave está en escribir lo que agradeces y agradecer por todo, no importa que tan pequeño sea.

Agradecer un día más de vida, agradecer que nuestra familia y amigos están vivos y sanos, agradecer que podemos hacer viajes, que podemos comer tres veces al día, que podemos tomar agua pura, que podemos dormir en una cama caliente y cómoda, cosas que a veces damos por hecho.

Al hacerlo, comenzarás a cambiar las creencias arraigadas desde la infancia y atraerás más abundancia a tu vida.

En conclusión, en este primer capítulo aprendimos que al explorar el poder de nuestras creencias sobre el dinero y su impacto en nuestras vidas financieras y al reflexionar sobre nuestras experiencias pasadas y adoptar una mentalidad de gratitud y merecimiento, podemos abrirnos a nuevas posibilidades y comenzar a atraer la abundancia que deseamos.

Este capítulo nos prepara para un viaje emocionante hacia una mayor prosperidad y bienestar financiero. Estoy emocionada de acompañarte en este camino de crecimiento y transformación.

EJERCICIO 1

Identifica tus creencias sobre el dinero

¿Qué escuchabas sobre el dinero?

¿El dinero era bueno o malo?

¿El dinero es fácil o difícil de conseguir?

¿Qué sientes al pensar en gastar dinero?

¿A dónde iban de vacaciones?

¿Te traía Santa lo que tu pedías?

¿Cómo era ir de compras?

¿Había discusiones por temas de dinero?

CAPÍTULO 2
Descubre tu IQ financiero

Capítulo 2.
Descubre tu IQ financiero

Lo problemas de dinero no se resuelven con más dinero, se resuelven con educación en inteligencia financiera.

—Robert Kiyosaki

En este segundo capítulo, deseo sumergirnos en la esencia de lo que significa mejorar nuestro IQ financiero, una habilidad vital para atraer la abundancia y el éxito económico a nuestras vidas.

Así como existen mediciones para evaluar nuestro IQ emocional y racional, el IQ financiero se erige como una vara para medir nuestra capacidad de comprender y manejar el dinero de manera efectiva, lo que se manifiesta en la capacidad que, hoy, tienes para ganar dinero.

Este IQ se basa en lo que aprendiste y en lo que viste, y siempre va a tener un tope. Es, básicamente, un ingrediente de la educación financiera, el promedio de los ingresos menos los gastos, así como el modo de administrar el excedente, los ahorros.

Es decir, tu IQ financiero tiene que ver con la cantidad de dinero que tú sabes generar a través de lo que haces para ganarlo, aunque éste va a ser tu límite si no sabes incrementarlo.

No basta que se hagan grandes ahorros, sino que también se ejercite la capacidad de crear oportunidades para proteger el dinero que ya generas. Por ejemplo, si tú estás acostumbrado a ganar diez mil pesos al mes, y siempre has ganado eso o menos, tu cerebro no sabe ganar quince mil, veinte mil y mucho menos treinta mil.

Esto significa que vas a tener que desarrollar la habilidad para ganar más dinero sin que tu cerebro se ponga incómodo y haga algo para regresarte al mismo lugar en donde estaba. Más adelante explico algunos patrones que te pueden ayudar a identificar tu manera de generar ingresos. Es importante tenerlos en cuenta porque nos ayuda a comprender nuestra disponibilidad de recursos.

Primero es fundamental comprender que nuestro cerebro "reptil", la parte más primitiva de nuestra cabeza está programado para priorizar la supervivencia por encima de todo.

Es decir, solamente se interesa por que te mantengas vivo, que realices tus funciones vitales como comer, ir al baño, dormir y experimentar placer sexual. No se interesa para nada por que seas rico ni feliz. Solamente se interesa por tu supervivencia.

Desafortunadamente, esta tendencia puede actuar en contra de nuestros intentos de mejorar nuestra situación financiera si no somos conscientes de ello.

Debemos estar alertas ante la resistencia al cambio financiero que puede llevarnos a comportamientos autodestructivos que nos hagan retroceder a nuestra zona de confort financiera.

Esto explica por qué cuando has intentado generar más ingresos no lo has podido lograr.

Tu cerebro no sabe que ganar más dinero va a ser algo bueno para ti.

Para que lo entienda, necesitas entrenarlo, porque si tú tratas de hacerlo sin estar consciente de esto y de repente ganas diez mil de un jalón, o empiezas a ganar veinte o treinta inmediatamente, se enciende una alarma de manera inconsciente que va a hacer que atraigas a tu vida experiencias para perder ese dinero y regresar a tu sueldo fijo, que es lo que conoce el cerebro, lo que percibe como terreno seguro.

Ahí es cuando tienes un accidente y tienes que pagar dinero.

O te pide prestado dinero alguien que tu cerebro sabe perfectamente que no te lo va a regresar, o se van a generar gastos que no existen.

Todo con el propósito de que esos veinte mil se conviertan en diez mil. Así que ojo con esto, hay que estar muy atentos para que eso no ocurra.

Seguramente ahora te preguntas entonces ¿Cómo elevamos el IQ financiero? Para esto, te propongo un ejercicio práctico: haz un recuento de todos los ingresos que has generado a lo largo de tu vida laboral. Puede ser en una hoja de papel o en Excel.

- ¿Cuándo empezaste a trabajar?

- ¿A qué edad fue?

- ¿Cuánto ganabas por mes?

- ¿Cuántos meses estuviste generando esa cantidad de dinero?

Si fuiste una persona que comisiona, pon el promedio de lo que ganabas, lo más cercano a la realidad. Si eres una persona muy ordenada, no te va a resultar difícil. Si te es difícil hacer esta lista, puedes ir a tu historial, por ejemplo, de pago de impuestos. Ahí lo vas a encontrar.

Pero si fuiste una persona desordenada, te va a costar un poco más de trabajo hacer memoria de cuánto dinero fue entrando a tu cartera. Lo importante es que lo hagas completo, sin importar si te toma una, dos o tres horas. Créeme, vale la pena porque necesitas saber ¿cuánto dinero ha pasado por tus manos desde que empezaste a producir? ¿tienes clara la cantidad? A lo mejor llevas diez, quince, veinte años trabajando y no sabes cuánto dinero has ganado. Entonces te invito a que hagas esa suma. Quizás te dé, cuatro, seis o diez millones de pesos. Conozco personas que han pasado millones de dólares por sus manos y no se han quedado con nada.

Escribe la sumatoria total y subráyala de algún color que resalte sobre toda la hoja o en tu Excel.

Mi siguiente pregunta es:

- ¿Qué sientes con respecto a esa cantidad de dinero?

- ¿Qué sientes al saber que quizás has ganado cuatro millones en un largo periodo?

- ¿Cómo te sientes con ese resultado?

- ¿Te sientes cómodo?

- ¿Te sientes incómodo?

- ¿Crees que es justo?

- ¿Crees que es injusto?

Ese es el primer feedback que te voy a pedir. Guarda esa cifra porque la vamos a utilizar en el próximo ejercicio.

A continuación, te voy a poner una tabla en donde puedes ir detectando ¿Cómo es tu forma de ganar dinero? Las más comunes son estas tres que vamos a ver a continuación:

1) El escalón de la generación de dinero. Pongamos un ejemplo: una persona empieza su vida laboral a los 20 años, su primer sueldo fue de cinco mil pesos mensuales y trabajó allí durante dos años.

Esa persona va a poner cinco mil por 24. Es decir, fueron cinco mil por 12 meses y luego por dos años, para saber cuánto ganaste durante esos dos años.

Esos cinco mil pesos que se repitieron 24 veces. ¿Cuánto te da? Haz tu propia cuenta. Observa si tu patrón es un patrón de ganar primero cinco mil y, luego aumentarlo.

Quizás el año siguiente obtuviste un aumento de sueldo, cambiaste de trabajo y te fue mejor. Entonces empezaste a ganar siete mil pesos mensuales. El tiempo en el que duró tu trabajo en esa etapa o tu nuevo negocio, pero después te empezó a ir mejor. Lograste ascender y a lo mejor ya ganabas diez mil y 20 años después ya estás ganando veinte mil.

Éste es un *patrón escalonado*.

2)Patrón de onda. Es como lo generan personas que son freelance, que trabajan por proyecto como actores, arquitectos o constructoras. De repente les llega mucho dinero para poder construir a lo mejor un fraccionamiento.

Pero una vez que lo construyen e invierten todo el dinero en su proyecto se quedan sin dinero durante un tiempo, mientras se venden todas las casas.

Una vez que termine ese proceso tienen que volver a invertir para nuevamente volver a construir otro fraccionamiento y volver a generar. Entonces éste es un patrón que se vería, como ves en la gráfica que aparece al final del capítulo, como una curva. De repente hay un proyecto y gano dinero. Se acaba el proyecto, y la curva va en descenso, dejo de ganar. Luego nuevamente empiezo otro proyecto, etc.… Se verían como ondas de sonido, unas más largas que otras. Este patrón genera muchísimo estrés y es muy difícil de planear porque la gente nunca sabe exactamente cuánto va a terminar ganando.

3)Patrón lineal. Se vería casi como una línea horizontal, como la línea que se ve en un electrocardiograma cuando la gente fallece. Es decir, es una persona plana que empezó en su primer trabajo y se quedó ahí toda la vida o por un periodo de tiempo muy largo donde solamente ha tenido un incremento en su dinero con base a los incrementos que la compañía le ha dado.

Entonces son personas que eligieron una profesión u oficio donde son mandos bajos de una organización y tienen sus ingresos limitados porque lo que realizan no es muy valorado en el mercado, al ser algo fácil de hacer y que en algún momento una máquina los podría sustituir, como ocurre con asistentes, maquiladores, choferes, cajeros, entre otros, pues seguro algunos desaparecerán como actualmente le paso a los ascensoristas que, para los que no les toco nunca ver uno, eran personas encargadas de manejar un elevador.

Un maestro, por ejemplo, no necesariamente está ahí por dinero, porque los maestros batallan mucho de manera comercial para que les vaya bien únicamente dando clases. Si no hacen algo diferente, entonces éste va a ser un patrón en donde no se va a mover nada.

Prácticamente empezaron ganando cinco mil y quizás el aumento ha sido dado de manera generalizada, a la par de lo que se le ha aumentado a la mayoría de la gente, debido a la inflación, por ejemplo.

Aunque parezca increíble hay gente que se puede retirar del mismo puesto con casi el mismo sueldo con el que iniciaron.

Este ejercicio nos permite tomar conciencia de nuestra capacidad para ganar dinero y evaluar ¿cómo nos sentimos al respecto? Además, nos anima a identificar patrones en nuestra forma de ganar dinero, como el patrón escalonado, el patrón de onda y el patrón estancado, para reflexionar sobre ¿cómo estos patrones afectan nuestra situación financiera actual?

Resumiendo, este capítulo nos ofreció una visión profunda de la importancia del IQ financiero y nos proporcionó herramientas prácticas para evaluar y mejorar nuestra relación con el dinero. Al comprender cómo funciona nuestra mente en relación con el dinero y al identificar patrones de comportamiento financiero, podemos comenzar a desarrollar una mentalidad más próspera y atraer mayores oportunidades de éxito económico en nuestras vidas.

EJERCICIO 2

Haz un recuento de todos los ingresos que has generado a lo largo de tu vida laboral

Empleo	Ingreso mensual	Meses laborados	Total de ingresos

TOTAL

EJERCICIO 3

Reflexiona

- ¿Qué sientes con respecto a esa cantidad de dinero?

- ¿Cómo te sientes con ese resultado?

- ¿Te sientes cómodo?

- ¿Crees que es just o injusto?

- ¿Pudiste haber hecho algo diferente?

EJERCICIO 4

Patrón de generación de ingresos

 **Patrón escalonado**

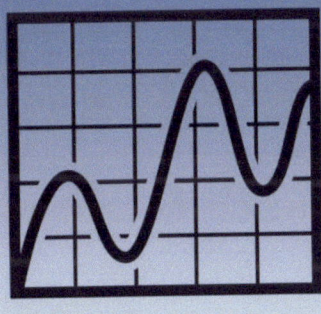 **Patrón de onda**

 **Patrón lineal**

CAPÍTULO 3
Conoce tu número de vida

Capítulo 3.
Conoce tu número de vida

Un viaje de mil kilómetros comienza con un paso.

—LAO TSE

¿Cuál es el número de vida? Este concepto se refiere a la cantidad de dinero que necesitarás a partir de este momento, sin importar la edad que tengas, hasta el último día de tu vida. Si bien no tenemos una bola de cristal para prever cuánto tiempo viviremos, es crucial proyectar cuánto dinero necesitaremos no sólo para subsistir, sino también para diseñar el estilo de vida que deseamos y merecemos con base en lo que la esperanza de vida nos estima.

El siguiente ejercicio puede resultar incómodo, pero es fundamental.

Prefiero mil veces incomodarte ahora con este ejercicio teórico, a que tengas que enfrentarte a dificultades financieras cuando ya no tengas la misma energía a los 75 años o más, una edad en la que la salud y la vitalidad pueden no ser las mismas. Es mejor diseñar nuestro estilo de vida para evitar padecimientos tanto en el presente como en el futuro. ¿Me permites incomodarte un poco?

Empecemos. Escribe tu nombre en la parte superior y tu edad en el lado izquierdo. Por ejemplo, si tienes 47 años, ese sería tu punto de partida. Luego, señala con una flecha la edad en la que te gustaría dejar de trabajar y disfrutar de tus años de jubilación, trabajando por placer y no por necesidad. ¿Piensas vivir 10, 15 o quizás 20 años después de tu jubilación?

Esa será la *duración de tu vida no productiva.*

Haz la resta para determinar cuántos años serán no productivos. Por ejemplo, si tienes 47 años, planeas vivir hasta los 85 y piensas jubilarte a los 60 tendrías 28 años no productivos. A continuación, calcula cuánto dinero necesitarás mensualmente durante esos años para mantener tu estilo de vida deseado. Considera todos los gastos posibles, desde vivienda y alimentación hasta atención médica y seguros.

Ahora, repite el proceso para los años productivos, es decir, desde tu edad actual hasta el inicio de tu jubilación. ¿Cuánto dinero necesitarás durante esos años? Suma las dos cantidades para obtener tu número de vida, la cantidad total que necesitarás generar para financiar toda tu vida futura.

Escribe este número en un lugar visible, preferiblemente en una cartulina azul. Recuérdalo constantemente, ya que será tu meta financiera.

Ahora bien, ¿cómo lograrás generar esa cantidad de dinero? Hay dos enfoques principales: puedes trabajar para alcanzar esa meta durante tus años productivos o puedes generar ingresos pasivos que cubran tus necesidades después de la jubilación.

Si decides trabajar para alcanzar tu número de vida durante tus años productivos, es importante diversificar tus fuentes de ingresos y evitar depender únicamente de un salario lineal. Recuerda que cada vez que intercambias tiempo por dinero, estás limitando tus oportunidades de crecimiento financiero. Es fundamental explorar nuevas formas de generar ingresos que no requieran tu presencia constante. Recuerda el capítulo anterior, donde pudiste identificar los patrones sobre las maneras de adquirir ingresos, y cuántos años de tu vida implica eso.

A continuación te compartiré una poderosa historia que representa lo que le ocurre a la mayor cantidad de personas que desconocen su número de vida y que van todos los días al trabajo en automático sin construir su patrimonio a futuro.

Esta es la historia de una ranita que estaba muy contenta. De repente la meten a un recipiente con agua templada. Pronto comienzan a calentar el agua del recipiente lentamente. Cada vez que la temperatura del agua aumenta, el cuerpo de la ranita tiene la capacidad de adaptarse a la nueva temperatura. Obviamente, eso ocupa energía, pero se adapta y termina por sentirse cómoda con la nueva temperatura.

Posteriormente, el agua vuelve a aumentar de temperatura y, como es a fuego lento constante, la ranita vuelve nuevamente a adaptarse.

El fuego sigue calentando el recipiente y el agua aumenta su temperatura, calentándose hasta que está a punto de hervir. En este momento, la ranita, que ya utilizó toda su energía para adaptarse a cada cambio de temperatura del agua, se da cuenta que corre un grave peligro, que necesita saltar fuera de ese recipiente para salvar su vida, pero no lo puede hacer porque ya gastó toda su energía en cada adaptación. Entonces la ranita se queda adentro indefensa sin hacer nada y muere.

¿Cuál es la lección de esta historia? Que la mayor parte de las personas somos como esa ranita.

El porcentaje de la gente que llega a los 85 años, o un poco menos, quebrada, es altísimo, incluso personas que han tenido negocios propios a lo largo de su vida y que han sido negocios muy rentables.

¿Por qué? Por esta incapacidad de poder prever el futuro, de tener la visión de lo que va a ocurrir, simplemente irse adaptando a lo que en ese momento fue ocurriendo, gastando toda su energía, todo su dinero. Cuando la gente llega a la edad madura, donde ya no tiene energía, donde ya no puede trabajar, donde ya no le dan empleo, donde quizás podría estar, incluso, enferma, en ese momento en que ya no puede hacer nada, se da cuenta que debió de haber hecho algo muchos años atrás.

El porcentaje de gente que muere en la quiebra financiera es altísimo cuando debería de ser una etapa de la vida en la que la gente debería estar tranquila, disfrutar de sus últimos años de vida, dedicarse a aprender, a viajar, a sus sueños. No obstante, en la mayoría de los casos es exactamente lo contrario. Mucha gente muere enferma y pobre por no haber planeado esa última etapa de su vida.

Entonces, no seamos como esa ranita, aprendamos de esta experiencia para poder tomar decisiones diferentes.

Este relato nos ilustra vívidamente cómo la falta de conciencia financiera puede llevarnos a una situación de vulnerabilidad en el futuro. Así como la ranita se adaptó gradualmente al aumento de temperatura hasta su trágico final, muchas personas se adaptan a una vida financiera precaria sin darse cuenta del peligro que enfrentan.

Es fundamental tomar medidas proactivas para asegurar nuestro bienestar financiero a largo plazo y no caer en la trampa de la comodidad a corto plazo.

En resumen, conocer tu número de vida te permite planificar financieramente para asegurar un futuro próspero y sin preocupaciones.

La *Historia de la ranita que muere a fuego lento*, nos recuerda que la falta de conciencia financiera puede llevarnos a adaptarse gradualmente a una situación perjudicial sin tomar medidas para cambiar nuestra circunstancia.

Esta historia es una poderosa metáfora que nos recuerda la importancia de planificar nuestro futuro financiero y tomar decisiones proactivas para asegurar nuestra estabilidad económica a largo plazo, lo que nos llevará a dar el primer paso hacia la libertad financiera y el diseño del estilo de vida que deseas.

En el siguiente capítulo definiremos algunas bases sobre las cuales podemos asegurar y acrecentar nuestro patrimonio.

EJERCICIO 5

Número de vida

Nombre: _____

Edad: _____ Edad Jubilación: _____

Años no productivos: _____

Monto mensual: _____

Años productivos: _____

Suma años productivos + no productivos: _____

Meta financiera

CAPÍTULO 4

Ingreso lineal contra Ingreso residual

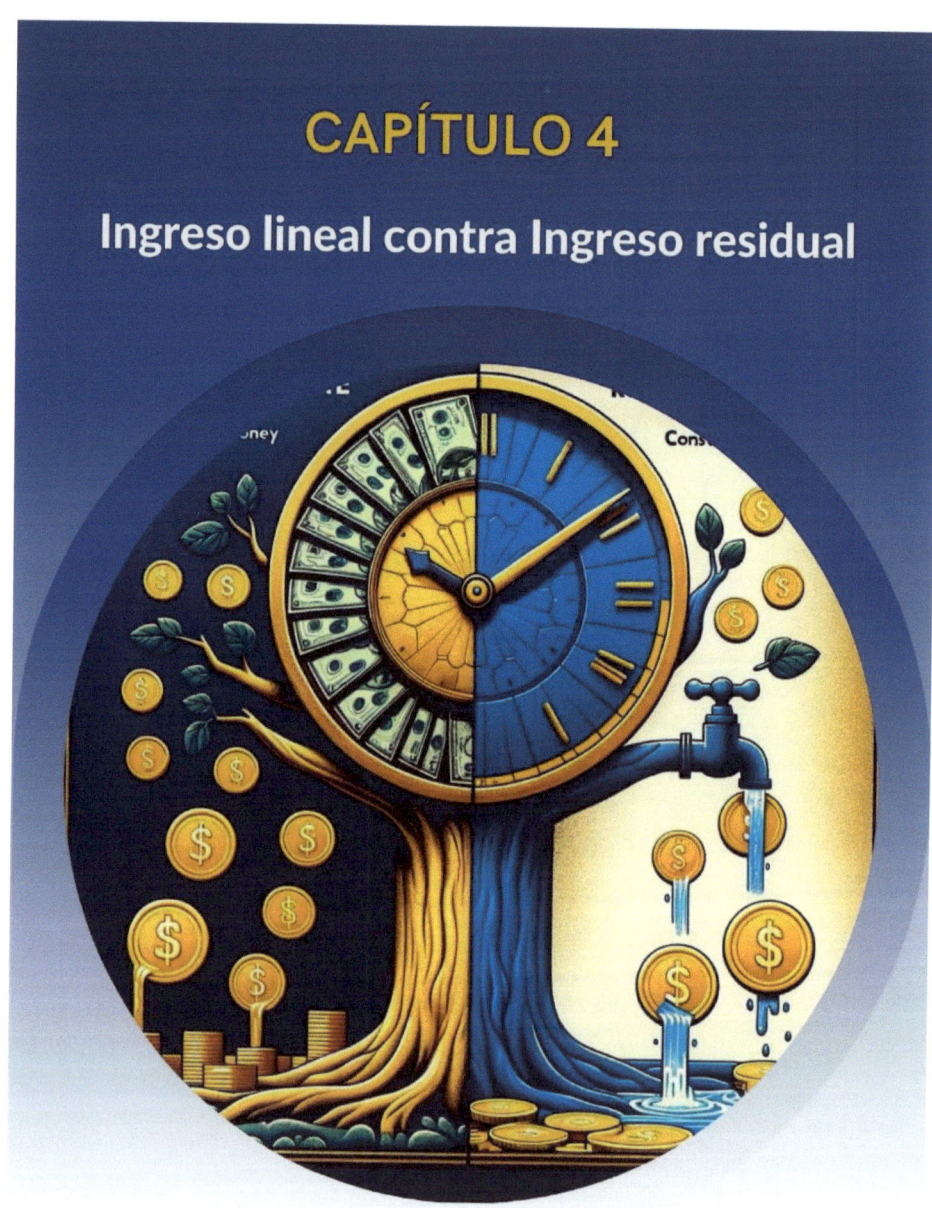

Estoy quebrado y no lo sabía

Capítulo 4:
Ingreso lineal contra ingreso residual

La gente no tiene paciencia para construir un negocio en tres años.

Pero tiene la paciencia de ir a un trabajo por 40 años.
—Robert Kiyosaki

En este capítulo nos adentramos en el fascinante mundo de los ingresos: el **lineal** *versus* el **residual**. Aquí exploramos las dos vías principales por las cuales las personas pueden generar dinero, una conversación que lamentablemente no se encuentra en los planes de estudio convencionales, pero que es esencial para comprender la verdadera naturaleza del dinero y cómo multiplicarlo.

El **ingreso lineal**, como su nombre sugiere, implica intercambiar tiempo por dinero. Ya sea a través de un empleo tradicional o un negocio propio, el valor de cada hora de trabajo se calcula dividiendo el salario mensual entre las horas trabajadas.

Es una manera familiar y cómoda de ganarse la vida, pero tiene un límite intrínseco: el tiempo disponible.

Ésta es la forma en la que la mayor parte de las personas aprendimos a generar el dinero: consiste, básicamente, en desarrollar habilidades, por ejemplo, estudiar una carrera o aprender un oficio, para ir a una empresa a rentar mis habilidades y mi tiempo, esto hace que cada una de tus horas tenga un valor. Si tú quisieras ganar más dinero y aumentar el valor de tu hora, ¿qué tendrías que hacer? Tendrías que elegir trabajar más horas, posiblemente salir más tarde de la oficina, o también trabajar sábados y domingos. Ésta es una forma de aumentar la cantidad de dinero que ganas, sacrificando tu tiempo libre, por donde terminarás llegando a un tope: otra vez, tu disponibilidad.

Otra forma es desarrollar más habilidades, volviéndote más valioso, cobrando tus servicios más caros, pero incluso así volverías a llegar a otro tope.

Es decir, la desventaja de vivir únicamente de un ingreso lineal es que siempre va a estar topando por la cantidad de tiempo que le podamos dedicar, por lo que es crucial comprenderlos para poder avanzar hacia formas más efectivas de generación de riqueza.

Las tres formas de ingresos lineales más comunes son las siguientes:

1. **Vivir de las ventas:** En esta forma de generar ingresos, nos dedicamos a vender productos o servicios directamente a los clientes. Asumimos la responsabilidad de buscar clientes, cobrarles, y distribuir los productos o servicios. Sin embargo, esta modalidad tiene un techo claro, determinado por nuestra capacidad para alcanzar y convencer a nuevos clientes.

Estamos limitados por la cantidad de personas que conocemos en nuestro entorno inmediato.

2. **Empleo:** Ya sea como empleado de mantenimiento o como gerente de una gran empresa, el ingreso que obtenemos sigue siendo lineal. Aunque podamos ganar más a medida que ascendemos en la jerarquía corporativa, siempre existe un límite a nuestros ingresos. Dependemos completamente de nuestro empleo y estamos sujetos a las decisiones de la empresa.

Es fundamental reconocer que, a pesar de las aparentes ventajas, el empleo no ofrece una ruta clara hacia la libertad financiera.

3. **Autoempleo y negocios propios:** Esta tercera forma de ganar dinero implica tener un negocio propio, como una pequeña o mediana empresa (PYME), en la que somos los responsables directos de todas las operaciones.

Desde abrir y hasta cerrar el negocio, dependemos completamente de nuestro esfuerzo para generar ingresos. Si dejamos de trabajar, el flujo de dinero se detiene. Este tipo de ingreso, aunque ofrece cierta independencia, sigue siendo lineal ya que nuestra ganancia está directamente ligada al tiempo y esfuerzo que invertimos.

Es crucial comprender que, mientras nuestro ingreso esté vinculado al tiempo que dedicamos a una actividad, seguirá siendo lineal y estará limitado por nuestra capacidad individual.

Todos los seres humanos en la faz de la Tierra tenemos 24 horas para trabajar, de las cuales deberíamos usar 8 para dormir y mantenernos saludables, 8 para trabajar, al menos 3 horas desayunar, comer y cenar, más las horas de traslado, más las horas de entretenimiento.

Considerando todo esto llenamos nuestras 24 horas del día. Si ningún millonario del mundo ha logrado generar días de 25 horas y no han podido comprar horas extras, entonces, ¿cómo le hacen para generar esos millones cuando tienen las mismas 24 horas que nosotros? La diferencia es que generan algo denominado **ingreso residual**, la joya oculta del mundo financiero.

Aquí la magia ocurre al hacer algo una vez y cosechar ingresos **repetidos**. Es el resultado de aprovechar el apalancamiento en sus diversas formas: tiempo, dinero y conocimiento de otras personas, inclusive la deuda puede ser un aliado valioso si se utiliza sabiamente, permitiendo un crecimiento acelerado que no sería posible con recursos propios limitados.

Los **ingresos residuales** son la forma de ganar dinero que trasciende los límites del tiempo y el esfuerzo individual. Es una forma de generar ingresos independientemente de lo que estés haciendo. Es decir, los **ingresos residuales** se generan de manera continua y recurrente, incluso sin una participación activa en la generación de ingresos. En lugar de depender únicamente de nuestro propio esfuerzo, utilizamos el concepto de apalancamiento para multiplicar nuestros recursos y obtener resultados exponenciales.

El apalancamiento es clave en la generación de ingresos residuales. ¿Recuerdas las lecciones de física sobre el uso de palancas para levantar objetos pesados con poco esfuerzo? De manera similar, podemos aplicar este principio en nuestras finanzas personales.

Al utilizar múltiples "palancas" financieras, como el tiempo de otras personas o el dinero prestado, podemos maximizar nuestros ingresos con un esfuerzo mínimo.

Algunas de esas palancas financieras son:

Apalancamiento del Tiempo de Otras Personas: Contratar a personas para realizar tareas que no podemos hacer o para expandir nuestras operaciones y generar más ingresos a partir de su trabajo. Un ejemplo claro de esto es mi agencia de marketing digital que me apoyó a hacer posible este libro mientras yo estaba de vacaciones en Dubái.

Apalancamiento del Dinero de Otros: Obtener financiamiento de instituciones financieras u otras fuentes externas para invertir en activos que generen un rendimiento mayor al costo del préstamo.

Estoy quebrado y no lo sabía

Apalancamiento del Conocimiento: Aprovechar el conocimiento y la experiencia de otras personas para acelerar nuestro aprendizaje y alcanzar resultados más rápidos y efectivos en nuestras empresas o inversiones.

Ya que aprendimos sobre el apalancamiento financiero, ahora debemos explorar diversas estrategias para generar ingresos residuales:

Inversiones Financieras: Invertir en activos financieros, como acciones, bonos o fondos de inversión, que generen ingresos pasivos a través de dividendos, intereses o apreciación del capital.

Proyectos de Crowdfunding: Participar en proyectos de financiamiento colectivo que ofrecen la oportunidad de invertir en iniciativas empresariales a cambio de una participación en los beneficios.

Estoy quebrado y no lo sabía

Bienes Raíces: Comprar propiedades para alquilarlas a largo plazo o para venderlas con ganancias, aprovechando el crecimiento del mercado inmobiliario y las plataformas de alquiler como Airbnb.

Negocios en Franquicia: Adquirir franquicias de negocios establecidos que operen con un modelo probado y que ofrezcan ingresos residuales a través de regalías o tarifas de franquicia.

Al comprender y aplicar estas estrategias, podrás liberarte de las limitaciones del ingreso lineal y abrirte camino hacia la verdadera libertad financiera.

Ingresos Lineales vs. Ingresos Residuales: Una Comparación Integral

Los ingresos lineales y los ingresos residuales representan dos enfoques diferentes para generar riqueza y estabilidad financiera. A continuación, se presenta un resumen de cada uno, junto con sus pros y contras, así como ejemplos ilustrativos:

Ingresos Lineales: Se obtienen a través del intercambio directo de tiempo y esfuerzo por dinero. Este tipo de ingreso depende principalmente de la actividad laboral o profesional de una persona y suele estar limitado por la cantidad de horas que puede trabajar.

Pros:

- Ingresos predecibles y consistentes.

- Seguridad laboral al depender de un empleo o negocio establecido.

- Facilidad para calcular y comprender el valor de cada hora de trabajo.

Estoy quebrado y no lo sabía

Contras:

- Limitación de ingresos debido a las horas trabajadas.

- Falta de libertad de tiempo al tener que intercambiar tiempo por dinero.

- Riesgo de pérdida de ingresos si se pierde el empleo o negocio.

Ejemplos:

Salario mensual de un empleado, honorarios profesionales de un consultor, ingresos de un comerciante autónomo.

Estoy quebrado y no lo sabía

Ingresos Residuales: Se generan de manera continua y recurrente, incluso sin una participación activa en la generación de ingresos.

Este tipo de ingreso permite liberar tiempo y recursos al tiempo que se sigue obteniendo beneficios económicos.

Pros:

- Potencial de ingresos ilimitado al no estar limitado por las horas trabajadas.

- Libertad de tiempo al generar ingresos de manera pasiva.

- Posibilidad de diversificar fuentes de ingresos para aumentar la estabilidad financiera.

Contras:

- Requiere inversión inicial de tiempo, dinero o recursos para establecer fuentes de ingresos pasivos.

- Puede llevar tiempo construir fuentes de ingresos residuales significativas.

- Riesgo de pérdida de ingresos si las fuentes residuales no se mantienen o gestionan adecuadamente.

Ejemplos: Ingresos por alquiler de propiedades, dividendos de inversiones en acciones, regalías por derechos de autor de libros o música.

Estoy quebrado y no lo sabía

Estoy quebrado y no lo sabía

En resumen, los ingresos lineales ofrecen seguridad y estabilidad inmediatas, pero están limitados por el tiempo y pueden volverse vulnerables en caso de cambios en la situación laboral. Por otro lado, los ingresos residuales brindan libertad de tiempo y potencial de ingresos ilimitado, pero requieren inversión inicial y tiempo para desarrollarse.

La combinación estratégica de ambos tipos de ingresos puede proporcionar una base sólida para una vida financiera próspera y equilibrada.

Esto lo podemos ilustrar con el cuento de los tres cerditos, si no lo recuerdas primero veremos la versión original y luego tomaremos la moraleja en versión educación financiera.

Había una vez tres hermanos cerditos que vivían en el bosque. Como el malvado lobo siempre los estaba persiguiendo para comérselos dijo un día el mayor:

- Tenemos que hacer una casa para protegernos del lobo. Así podremos escondernos dentro de ella cada vez que el lobo aparezca por aquí.

A los otros dos les pareció muy buena idea, pero no se ponían de acuerdo respecto a qué material utilizar. Al final, y para no discutir, decidieron que cada uno la hiciera de lo que quisiese.

El más pequeño optó por utilizar paja, para no tardar mucho y poder irse a jugar después.

El mediano prefirió construirla de madera, que era más resistente que la paja y tampoco le llevaría mucho tiempo hacerla.

Estoy quebrado y no lo sabía

Pero el mayor pensó que, aunque tardara más que sus hermanos, lo mejor era hacer una casa resistente y fuerte con ladrillos.

- Además así podré hacer una chimenea con la que calentarme en invierno, pensó el cerdito.

Estoy quebrado y no lo sabía

Cuando los tres acabaron sus casas se metieron cada uno en la suya y entonces apareció por ahí el malvado lobo. Se dirigió a la de paja y llamó a la puerta:

- Anda cerdito se bueno y déjame entrar...

- ¡No! ¡Eso ni pensarlo!

- ¡Pues soplaré y soplaré y la casita derribaré!

Y el lobo empezó a soplar y a estornudar, la débil casa acabó viniéndose abajo. Pero el cerdito echó a correr y se refugió en la casa de su hermano mediano, que estaba hecha de madera.

- Anda cerditos sed buenos y dejarme entrar...

- ¡No! ¡Eso ni pensarlo!, dijeron los dos

Estoy quebrado y no lo sabía

- ¡Pues soplaré y soplaré y la casita derribaré!

El lobo empezó a soplar y a estornudar y aunque esta vez tuvo que hacer más esfuerzos para derribar la casa, al final la madera acabó cediendo y los cerditos salieron corriendo en dirección hacia la casa de su hermano mayor.

El lobo estaba cada vez más hambriento así que sopló y sopló con todas sus fuerzas, pero esta vez no tenía nada que hacer porque la casa no se movía ni siquiera un poco. Dentro los cerditos celebraban la resistencia de la casa de su hermano y cantaban alegres por haberse librado del lobo:

Los tres cerditos- ¿Quién teme al lobo feroz? ¡No, no, no!

Fuera el lobo continuaba soplando en vano, cada vez más enfadado. Hasta que decidió parar para descansar y entonces reparó en que la casa tenía una chimenea.

- ¡Ja! ¡Pensaban que de mí iban a librarse! ¡Subiré por la chimenea y me los comeré a los tres!

Pero los cerditos le oyeron, y para darle su merecido llenaron la chimenea de leña y pusieron al fuego un gran caldero con agua.

Estoy quebrado y no lo sabía

Así cuando el lobo cayó por la chimenea el agua estaba hirviendo y se pegó tal quemazo que salió gritando de la casa y no volvió a comer cerditos en una larga temporada.

En este cuento, aprendemos una valiosa lección sobre la importancia de construir sobre bases sólidas.

Estoy quebrado y no lo sabía

Así como el cerdito sabio eligió la casa de ladrillo para protegerse del lobo, tú también puedes asegurar tu futuro financiero construyendo fuentes de ingresos pasivos.

✹ La Casa de Paja y la Casa de Madera:

Imagina que la casa de paja y la casa de madera representan ingresos dependientes de un empleo tradicional o de negocios vulnerables a las crisis. Cuando llega el lobo de la recesión o la pandemia, estas fuentes de ingresos son frágiles y pueden derrumbarse con facilidad.

💼 La Casa de Ladrillo:

Pero, ¿qué pasa si construyes una casa de ladrillo? Esta casa sólida representa fuentes de ingresos pasivos, como inversiones, bienes raíces o negocios automatizados. Aunque requieren tiempo y esfuerzo para construir, una vez establecidas, proporcionan una protección robusta contra los embates financieros.

Estoy quebrado y no lo sabía

◗ Protegiendo tu Patrimonio:

Al igual que el cerdito sabio, al invertir en fuentes de ingresos pasivos, estás construyendo un escudo contra la incertidumbre financiera. Cuando llegue el lobo, tu patrimonio estará protegido, y podrás mantener la estabilidad y la tranquilidad incluso en tiempos difíciles.

▨ Construye tu Futuro Financiero:

Invierte en bienes raíces, acciones, bonos u otros activos que generen ingresos pasivos.

Diversifica tus fuentes de ingresos para reducir el riesgo.

Educa continuamente sobre finanzas personales e inversiones para tomar decisiones informadas.

Recuerda, al construir tu casa de ladrillo financiero, estás creando un legado duradero para ti y tus seres queridos. ¡No esperes al lobo para empezar a construir! ✳ 🏠

Estoy quebrado y no lo sabía

Estoy quebrado y no lo sabía

Como viste este libro "Estoy quebrado y no lo sabía" de Cristina Ouilhet, es una guía para transformar nuestra relación con el dinero y alcanzar la libertad financiera. En el primer capítulo, la autora nos invitó a reflexionar sobre nuestras creencias y emociones respecto al dinero, destacando la importancia de mejorar nuestra relación emocional con él para lograr nuestros objetivos financieros.

En el segundo capítulo, se nos introdujo al concepto de IQ financiero, revelando la necesidad de entender cómo funciona el dinero y cómo podemos hacerlo trabajar a nuestro favor.

A través de ejercicios prácticos y ejemplos claros, nos ayuda a evaluar nuestro nivel de conocimiento financiero y nos muestra cómo desarrollarlo.

En el tercer capítulo, la autora nos guió a través del proceso de descubrir nuestro número de vida, es decir, la cantidad de dinero que necesitamos para vivir la vida que deseamos. Nos anima a reflexionar sobre nuestras metas y prioridades, y nos proporciona herramientas para calcular este número de manera realista y alcanzable.

Finalmente, en el cuarto capítulo, exploramos la diferencia entre ingreso lineal e ingreso residual, destacando la importancia de diversificar nuestras fuentes de ingresos y aprovechar el poder del apalancamiento. A través de ejemplos claros y consejos prácticos, nos muestra cómo podemos pasar de depender de un ingreso lineal a generar ingresos residuales que nos brinden libertad y seguridad financiera.

Es importante que recuerdes que el viaje hacia la libertad financiera no termina aquí. Cristina Ouilhet ha compartido sabiduría valiosa, pero ahora te toca a ti tomar acción. Recuerda, no se trata sólo de asegurar el futuro, sino de disfrutar el presente.

¡Empieza hoy mismo a transformar tu relación con el dinero y alcanza la vida que mereces!

- Educación Financiera
- Productos Financieros

Contacto

Correo   invierteconcristina@gmail.com

Redes Sociales   @cristinaouilhet